W9-AYO-864

Date: 6/23/20

SP J 577.586 HAN
Hansen, Grace
Tundra

Tundra

Grace Hansen

abdopublishing.com

Published by Abdo Kids, a division of ABDO, PO Box 398166, Minneapolis, Minnesota 55439.

Copyright © 2017 by Abdo Consulting Group, Inc. International copyrights reserved in all countries. No part of this book may be reproduced in any form without written permission from the publisher.

Printed in the United States of America, North Mankato, Minnesota.

102016

012017

 THIS BOOK CONTAINS RECYCLED MATERIALS

Spanish Translator: Maria Puchol

Photo Credits: iStock, Shutterstock

Production Contributors: Teddy Borth, Jennie Forsberg, Grace Hansen

Design Contributors: Laura Mitchell, Dorothy Toth

Publisher's Cataloging-in-Publication Data

Names: Hansen, Grace, author.

Title: Tundra / by Grace Hansen.

Other titles: Tundra biome. Spanish

Description: Minneapolis, MN : Abdo Kids, 2017. | Series: Biomas | Includes
    bibliographical references and index.

Identifiers: LCCN 2016948001 | ISBN 9781624026904 (lib. bdg.) |
    ISBN 9781624029141 (ebook)

Subjects: LCSH: Tundra ecology--Juvenile literature. | Spanish language
    materials--Juvenile literature.

Classification: DDC 577.5--dc23

LC record available at http://lccn.loc.gov/2016948001

Contenido

¿Qué es un bioma?

Un bioma es un espacio grande de tierra. Tiene cierto tipo de plantas, animales y clima.

desierto

bosque

agua dulce

agua salada

pastizal

tundra

5

Tundra

La tundra es un tipo de bioma. Hay dos tipos principales de tundra. En el norte está la tundra ártica.

7

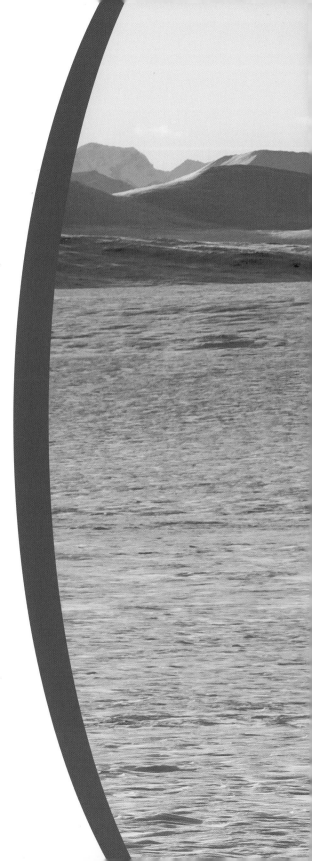

En la tundra ártica hace
mucho frío. Los inviernos son
muy largos. La temperatura
habitual en invierno es de 30°F
bajo cero (-34 .4°C).

8

9

Los veranos son muy cortos.
El verano ayuda a preservar
la vida en la tundra. La
temperatura llega a los 54°F
(12 .2° C). Hay sol durante
todo el día y toda la noche.

La tundra alpina está en las montañas. Hace mucho frío y hay mucho viento. La temperatura habitual es de 10°F bajo cero (-12 .2° C). En verano la temperatura máxima puede llegar a los 50°F (10° C).

Plantas

En la tundra no hay árboles.

No pueden crecer por el frío,

el viento y la falta de agua.

Además, en la tundra alpina

hay demasiada **altura**.

En la tundra puede haber pequeños arbustos. También hay musgos, hierbas y flores.

Animales

No es fácil vivir en la tundra ártica. Sólo algunos animales pueden sobrevivir. La liebre ártica y los osos polares viven en esta tundra. También hay zorros árticos y otros animales.

Los animales que viven en la tundra alpina también son especiales. Tienen que vivir en lo alto de las montañas. Las cabras de monte y los alces viven en la tundra alpina.

Cosas típicas de una tundra

tundra ártica

caribú

búho nival

baya de oso

tundra alpina

alpaca

cóndor de los Andes

silene musgo

22

Glosario

altura – elevación por encima del nivel del mar.

clima – condiciones meteorológicas normales de una zona durante largos períodos de tiempo.

preservar – conservar o cuidar.

23

Índice

abdokids.com

¡Usa este código para entrar en abdokids.com y tener acceso a juegos, arte, videos y mucho más!

Código Abdo Kids:
BTK5055